EDICT DV ROY,

PORTANT REGLEMENT

pour la leuée de Treze millions huict cens mil liures, Au lieu de Vingt millions qui se souloient leuer pour la leuée des Droicts allienez aux Particuliers Acquereurs, sans qu'ils puissent estre augmentez : Nonobstant tous Edicts, Declarations, Arrests & autres tiltres que lesdits Proprietaires en peuuent auoir obtenuës, à peine de la vie.

Verifié en la Cour des Aydes, le vingtsixiesme Ianuier mil six cens trente-quatre.

A PARIS,

Par P. METTAYER, A. ESTIENE, Imprimeurs ordinaires du Roy.

M. DCXXXIIII.

Auec Priuilege de sa Majesté.

LOVIS par la grace de Dieu Roy de Frã-
ce & de Nauarre ; A tous presens & à ve-
nir, Salut. Nostre Reuenu ordinaire n'ayãt
pas esté suffisant pour subuenir aux despé-
ces ausquelles chacũ sçait que nous auons
esté obligez. Nous auons allienné plusieurs droicts à
prendre sur ce qui se leue annuellement sur nos suiects,
comme le secours le plus prõpt & le plus doux que nous
pouuons tirer d'eux, sur l'asseurãce que nous auons que
les Acquereurs se contenteroient du reuenu qui leur e-
stoit attribué : Mais apres auoir recognu que l'auctorité
vsurpée par ceux qui ont acquis lesdits droicts, l'interest
des Officiers mesmes qui en font l'imposition, & la part
qu'ont prise esdites attributions ceux qui sont preposez
à la leuée & distribution desdits deniers, ont porté leur
reuenu à tel exceds, que plusieurs particuliers ont dans
la ioüyssance desdits droicts reccu le double & le triple
de leurs finances, & que ce mal continuë, en sorte que
nostre peuple est beaucoup plus surchargé des leuées
qui se font pour lesdits Proprietaires, que de celles qui
viennent à nostre profit, tant pour les raisons cy-dessus,
qu'à cause des impositiõs particulieres que nous accor-
dons à plusieurs Villes & Communautez, & de celles
que nous sommes contraincts de continuer pour le sub-
sistance de nos trouppes : Sur lesquelles leuées, quoy
que par nos Lettres de Commission, & par diuers Arrests de nostre Conseil, nous ayons tres expressément
deffendu ausdits Proprietaires d'en perceuoir aucuns
droicts, & à nos Officiers d'en faire l'imposition. Toutesfois lesdits Officiers & particuliers, au moyen de ce

A ij

que par nos Edicts & Declaratiós, il est porté que leurs
droicts seront pris sur tout ce qui s'imposera au courant
de l'année, appuyez des Arrests de nos Cours Souue-
raines, & Ordonnances des Tresoriers Generaux de
nos Finances, interuenus en consequence de nosdits
Edicts par eux registrez estédent lesdits droicts sur toutes les Creuës extraordinaires, faictes tant par nous que
les particuliers & cómunautez, & sur les autres leuées
de deniers de quelle nature qu'elles puissent estre : Ce
que nous auons particulierement recognu en la leuée
de Deux millions de liures que nous auons ordonnée
estre faite en l'année presente, afin de pouruoir à ce que
nos gens de guerre payent leurs despences au lieu de
leurs passages & seiour, & par ce moyen soulager nos
subiects des frequentes leuées qui se faisoient cy-deuãt
sur eux pour le remboursement des sommes aduancées
par les Maires & Escheuins, Consuls & Particuliers
Habitans des Parroisses, à cause des Estappes fournies
aux passages de nos trouppes, qui excedoient annuellement la somme de Six millions de liures en principal,
& Cinq millions quatre cens mil liures de droicts qui
se leuoient au profit desdits Acquereurs, D'autant que
de este seule imposition de Deux millions de liures, lesdits Proprietaires peuuét auec tiltre receuoir Dix-huict
cens mil liures, & en vser ainsi à ceste proportion sur
toutes les autres Creuës extraordinaires & leuées particulieres qui reuiennent à des sommes immenses. Et
quoy que ceste surcharge soit excessiue, c'est neantmoins l'vne des moindres que souffre nostre peuple: car
soubs pretexte que par nos Edicts toutes les natures de
deniers, sur lesquelles les Proprietaires doiuent prendre leurs droicts, sont particulierement designées, &
qu'en outre il est expressément ordonné que les droicts

seront leuez sur tout le contenu aux Roolles, mesmes sur les droicts les vns des autres. Nous auós esté aduertis que lesdits Officiers desdites Eslections faisans leurs departemens, imposent lesdits droicts en consequence de nosdits Edicts sur les sommes naissantes & renaissantes autant de fois qu'vne somme de deniers peut estre partagée & diuisée, en sorte qu'vn mesme droict est imposé bien souuent iusques à huict ou neuf fois, ainsi qu'il nous a esté iustifié par plusieurs Commissions des Officiers de quelques Eslections. Au moyen dequoy si lesdites impositions estoient faictes de la mesme sorte en toutes les autres, ainsi que nos precedents Edicts le permettent, nos subiects souffriroient Six millions de liures & plus de surcharge, sans que nous en ayons tiré aucun aduantage. Nous sçauons aussi que nonobstant les descharges faictes à nostre peuple lors que la commodité des affaires la permis, & la distraction que nous auons faicte du fonds de nos Finances pour attribuer les droicts aux Greffiers & autres Officiers des Eslections, Communautez & Parroisses, les droicts des Particuliers Acquereurs ne laissent d'estre imposez sur les sommes remises & distraittes, comme il se void encores à preset sur les Six cens & Quatre cens mil liures, dont nous auons deschargé nos suiects sur le principal de la Taille, depuis l'année mil six cens vingt-sept, pour lequel Million de descharge, les Proprietaires desdits droicts iouyssent encores auiourd'huy de Neuf cens mil liures, & sur les dix deniers attribuez aux Greffiers & Maistres Clercs Alternatifs & Triennaux desdites Eslections, & distraict du principal de la Taille de l'année mil six cens vingt-quatre, la leuée desdicts droicts allienez a esté iosques à present continuée, sous pretexte de la clause generalle apposée à nosdits Edicts, portant qu'il ne

A iij

pourra estre par nous fait aucune descharge au preiudi-
ce des droicts desdits Acquereurs, laquelle distraction
reuient à la somme de Huict cens mil liures, dont lesdits proprietaires receuroient annuellement Six cens
cinqnante mil liures de droicts: Et d'autant que par nosdits Edicts de l'annnée mil six cens trente, il est porté
que lesdits droicts allienez en la dite année seront leuez
sur ce qui s'imposera au courant d'icelle, tant pour nos
affaires que celles des particuliers & autres qui se ferõt
cy-apres, & qu'en ladite année nous auons esté cõtraints
de faire diuerses impositiõs, tant pour la leuée & entre-
tenement des Mullets ordonnez pour la voicture &
conduitte des bleds, viures & munitions pendant les
derniers mouuemens d'Italie, fournitures d'habits aux
soldats de nos Armées, & autres despences necessaires
pour la conseruation de nostre Estat & le repos de nos
suiects, lesquelles n'ont esté leuées qu'vne seule fois:
Neantmoins les Officiers desdites Estections soubs la
faueur desdits Edicts leuent encores à present, tant pour
eux que pour lesdits proprietaires, lesdits droicts sur les
sommes à quoy reuenoient lesdites leuës particulieres,
& Creuës extraordinaires en l'année de ladite attribution, quoy qu'elles n'ayent pas esté continuées, en sorte
que nostre peuple paye en mesme temps les droicts desdites leuées particulieres esteintes & supprimées, & de
celles qui s'imposent au courant de l'année. Nous pourrions encores à nostre grand regret, faire voir plusieurs
autres abus, exactions & leuées faites sur nos subiets
contribuables, par nos Officiers & particuliers Acquereurs, en interpretant nosdits Edicts & Declarations
à leur aduantage, tant à cause des impositions qui
ne doibuent estre faites que sur les sommes principalles seulement, qu'ils ont estendus generallement sur

tout le contenu ausdits roolles des parroisses, que de la liquidation mesme qui a esté faite desdites attributions par nos Officiers desdites Esllections, plus forte que la iuste proportion que chacune Paroisse ou Communauté en deuoir porter, & pardessus ce que les proprietaires en deuoient receuoir, abusant ainsi de l'authorité de leurs charges à l'oppressió de nostre peuple, qui succomberoit soubs le faix si lesdits abus dont lesdits proprietaires ont peu tirer iusques à dix millions de liures par an, continuoit plus long-téps sans y apporter de nostre part les remedes necessaires. Et quoy que la necessité presente de nos affaires, & les grandes despences ausquelles chacun void que nous sommes encores obligez, nous d'eust porter a receuoir vn notable secours des supplémens que lesdits Acquereurs nous ont souuent offerts pour auctoriser & confirmer la leuée desdits droicts : Neantmoins preferant le soulagement de nos subjets côtribuables à toutes autres considerations, Nous auons resolu d'arrester le cours de ces desordres, & de regler cy apres à vne somme certaine les droicts des Acquereurs, à fin d'oster tout pretexte de plainte ausdits proprietaires, la vexation à nos subjets, & tout moyen aux Officiers desdites Esllectiós de liquider lesdits droicts à leur volonté, En quoy faisát nostre peuple receura vn grand soulagement, attendu que par nos Edicts & Declarations estant permis aux Acquereurs de iouyr de leurs droicts sur les sommes principalles qui se leuoient lors de l'attribution qui leur en a esté faite, & de celles qui le seroient à l'aduenir, Et nostre intention estant de descharger nos subjects sur le principal de la Taille, des lors que la cômodité de nos affaires le pourra permettre (ce que nous esperons bien tost) lesdits proprietaires ne laisseroient de leuer pour

leurs droicts à proportiõ defdites remifes, & ainfi nof-
dits fuiets ne jouyroiét pas de la grace entiere que nous
leur voulons faire, & d'ailleurs lefdits Acquereurs re-
ceuront vn notable aduãtage dudit reglement, au moyé
de ce que leurs droicts eftans liquidez & certains, ils ne
feront plus obligez de rechercher & mandier la faueur
des Officiers de nos Eflections pour la jouyffance d'i-
ceux, ainfi qu'ils eftoient par le paffé. A CES CAVSES,
apres auoir fait mettre cet affaire en deliberation en noftre Conseil où eftoient aucuns Princes, Officiers de
noftre Couronne, & autres grands & notables perfon-
nages. DE LEVR aduis & de noftre propre mouuement,
certaine science, pleine puiffance & auctorité Royalle,
Nous auons par noftre prefent Edict perpetuel & irre-
uocable, dit, ftatué & ordonné, difons, ftatuons & or-
donnons, que dorefnauant à cõmencer en l'année prochaine mil fix cens trente quatre, au lieu de Vingt milliõs & plus à quoy fe trouuoit mõter la leuée des droicts
defdits Acquereurs, pour les raisõs cy deffus exprimées
aux termes des Edicts d'attribution d'iceux, Arrefts &
Reglemens donnez en confequence, enregiftrez où be-
foin a efté, les droicts allienez aufdits Acquereurs foiét
& demeurent fixes, liquidez & reglez à la fomme de
Treize millions huict cens mil liures, fuiuant le depar-
temét & les eftats qui feront par nous arreftez, de laquelle nous voulons que leuée & impofition foit faite
fans aucune augmentation, pour quelque pretexte, caufe ou occafion que ce foit, Nonobftant tous Edicts, Declarations, Arrefts, & autres tiltres que lefdits proprietaires en pourroient auoir obtenus, que nous auons reuocquez & reuocquons pour ce regard. Deffendons
tres-expreffemét aux Officiers des Eflections de noftre
Royaume & tous autres, d'impofer plus grande fomme
que

que lesdits Treize millions huict cens mil liures, à peine de la vie, & aux Particuliers Acquereurs d'exiger aucune chose desdits droicts allienez, outre & par dessus
ce qui sera reglé & liquidé par lesdits estats & departemens qui seront par nous arrestez, à peine de concus-
sion, & de pure perte de leursdits droicts au profit des
contribuables qui auront souffert lesdites exactions, &
au lieu des suppleémens & augmentation qui nous a
esté proposé par lesdits Acquereurs, pour leur continuer la jouyssance & perception de leurs droicts sur les
Creües extraordinaires. Novs Vovlons que doresna-
uant à commencer en ladite année prochaine, il soit
pris sur lesdits Treize millions huict cens mil liures, la
somme de Huict cens mil liures, laquelle nous auons
attribuée & attribuons ausdits proprietaires, auec la
somme de Sept cens mil liures qui auoit esté nouuellement imposée & attribuée ausdits Greffiers & Maistres
Clercs des Roolles des Tailles des Parroisses, pour iouïr
sur tout le contenu ausdits Roolles, & aux Commissai-
res des Tailles pour jouyr sur les droicts alliennez depuis l'anneée mil six cens trente vn, par nostre Edict du
mois d'Aoust mil six cens trente deux, lequel nous a-
uons reuocqué & reuocquons par ces presentes à l'es-
gard de ladite attribution, pour estre lesdites sommes de
Huict cens & Sept cens mil liures, reuenás ensemble à
Quinze cês mil liures, comprises comme dit est, faisant
partie desdits Treize millions huict cens mil liures di-
stribuées & regalées à tous lesdits proprietaires, au lieu
des droicts dont ils pretendoient iouyr sur les Creües
extraordinaires, suiuant l'estat de distribution & regallement qui en sera arresté en nostre Conseil: Et à ceste
fin sera ladite somme employée par article separé dans
les Commissions qui serôt expediées & addressées aux

Officiers des Eslections, pour la leuée & imposition de nos deniers de l'année prochaine & les suiuantes, pour en iouyr par lesdits Acquereurs, coniointement auec ce qui sera reglé & limité pour les antiens droicts, sans augmentation aux termes ordinaires & accoustumez, A la charge toutesfois qu'ils seront tenus payer és mains du Tresorier de nos parties Casuelles, les sommes ausquelles ils seront taxez en nostre Cōseil pour ladite attribution de Quinze cens mil liures, vn mois apres la signification qui leur sera faite du Roolle desdites taxes à leurs personnes ou domicilles, ou au Greffe des Eslections de leur establissement : A quoy faire ils seront contraincts par saisie de leurs gages & droicts, iusques à la concurrence du tiers de leurs taxes, le total d'icelles payable en trois années consecutiues, qui cōmenceront en la prochaine esgallement, quoy faisant ils iouyront de ladite augmentation de droict, à proportion du payement qu'ils auront fait desdites taxes: Et moyennant ce nous auons deschargé & deschargeons lesdits Proprietaires & Acquereurs de toutes les restitutiōs que nous pourrions pretendre côtre eux à cause des droicts qu'ils ont induemcent pris & exigez par le passé, mesmes de faire registrer les quittances du supléement desdites taxes, & de tous les autres par eux cy-deuant payez, tant aux Bureaux de nos Finances qu'és Eslections, Comme aussi les Cōmissaires des Tailles des taxes sur eux faites en consequnéce de l'Arrest de nostre Conseil du seiziesme Mars dernier, pour raison de la fourniture du bois, feu & chandelle, pédant la confection des Roolles des tailles des Parroisses. SI DONONS EN MANDEMENT à nos amez & feaux Conseillers les gens tenans nos Cours des Aydes à Paris, Roüen, Clermontferrand, Montpellier & Agen, Presidens & Tresoriers Gene-

raux de France des Generalitez en dependans, que nostre present Edict ils ayent à faire registrer, garder &
obseruer de poinct en poinct selon sa forme & teneur,
sans permettre qu'il y soit contreuenu en aucune sorte
& maniere, nonobstant oppositions ou appellations
quelscõques, desquelles si aucunes interuienent, nous
auons reserué la cognoissance à nous & à nostre Cõseil,
icelle interdisons & deffendõs à tous autres Iuges, CAR
tel est nostre plaisir, Nonobstant aussi tous Edicts, Ordonnances, Declarotions, Reglemens, Arrests & Lettres à ce contraires, ausquelles, & aux derogatoires des
dérogatoires y contenues, Nous auons expressément
derogé & derogeons par ces présentes. Et afin que ce
soit chose ferme & stable à tousiours, Nous y auons
fait mettre & apposer nostre seel. Donné à Sainct Germain en Laye au mois de Decembre, l'an de grace mil
six cens trête-trois. Sgné, LOVIS, Et plus bas, Par
le Roy, DELOMENIE. Et à costé VISA. Et scellé du grãd
seau de cire verte, en l'acqs de soye rouge & verte.

Registrées en la Cour des Aydes, du tres-exprés com-
mandement du Roy, pour estre executées selon leur forme &
teneur, suiuant & aux charges portées par l'Arrest du iour-
d'huy, donné, les Chambres assemblées. A Paris, le 26.
Ianuier, mil six cens trente quatre.

Signé,   BOVCHER.

EXTRAICT DES REGISTES
de la Cour des Aydes.

EV par la Cour les Chambres assemblées, les Lettres Patentes du Roy en forme d'Edict, données à S. Germain en Laye, au mois de Decembre mil six cens trente-trois, Signé, LOVIS. Et plus bas, Par le Roy, DELOMENIE. Et seellées du grand seel de cire verte, sur lacqs de soye rouge & verte : Par lesquelles & pour les causes y contenues ; Sa Majesté ordonne que d'oresnauant, à commencer en la presente année, au lieu de Vingt-millions & plus, à quoy se trouue monter la leuée des Droicts allienez aux Particuliers Acquereurs, soient & demeurét fixes, liquidez & reglez à la somme de Treze millions huict cens mil liures, suiuant le département & les estats qui seront arrestez par sadite Maiesté, De laquelle elle veut que le uée & imposition soit faicte sans aucune augmentatiõ, pour quelque pretexte, cause ou occasion que ce soit: Nonobstant tous Edicts, Declarations, Arrests & autres tiltres que lesdits Proprietaires en pourroiét auoir obtennes, Que sadite Maiesté a reuocquez pour ce regard: Et faict tres-expresses deffenses aux Officiers des Electiõs de ce Royaume & tous autres d'imposer plus grandes sommes que lesdits Treze millions huict cens mil liures, à peine de la vie, Et aux Particuliers Ac-

quereurs d'exiger aucune chose defdits droicts allienez
outre & pardeſſus ce qui ſera reglé & liquidé par leſdits eſtats & départemens qui ſeront arreſtez par ſadite Maieſté, à peine de concuſſion , & de pure perte de
leurſdits droicts, au profit des contribuables qui aurõt
ſouffert leſdites exactions : Et au lieu des ſuppléeméts
& augmentations qui a eſté propoſé par leſdits Acquereurs, pour leur continuer la iouyſſance & perceptiou
de leurs droicts ſur les Creues extraordinaires, Veut
ſadite Maieſté que d'oreſnauant en ladite année mil ſix
ſix cens trente quatre, à commencer en icelle, Il ſoit
pris ſur leſdits Treize millions huict cens mil liures, laquelle eſt attribué auſdits proprietaires, auec la ſomme
de Sept cens mil liures , qui auoit eſté nouuellement
impoſée & attribuée auſdits Greffiers & Maiſtres Clercs
des Roolles des Tailles des Paroiſſes, pour iouyr ſur
toute le contenu auſdits Roolles. Et aux Cõmiſſaire des
Tailles pour iouyr ſur les droicts allienez depuis l'année mil ſix cens trente-vn , par ſon Edict du mois
d'Aouſt mil ſix cens trente deux : Lequel ſadite Maieſté a reuoqué a l'eſgard de ladite attribution pour e-
ſtre leſdites ſommes de Huict cens & Sept cens mil liures , Reuenans enſemble à Quinze cens mil liures
compriſe comme dit eſt, & faiſant partie deſdits Treize milliõs huict cens mil liures regallées & diſtribuées
à tous leſdits Proprietaires, au lieu des droicts dontils
pretendroient iouyr ſur les Creües extraordinaires,
ſuiuant l'eſtat de diſtribution , & regallement qui en
ſera arreſté au Conſeil : Et à ceſte fin ſera ladite ſomme
employée par article ſeparé dans les commiſſions qui
ſeront expediées & addreſſées aux Officiers des Ele-
ctions pour la leuée & Impoſitiõ des deniers de ſa Maieſté de ceſtedite année & les ſuiuantes , pour en iouyr

par lefd'ts Acquereurs conioinctement auec ce qui fera reiglé & limité pour les anciens droicts fans augmé-
ratió, aux termes ordinaires & accouftumez. A la charge toutefois, qu'ils feront tenus payer és mains du Tre-
forier des parties Cafuelles les fommes aufquelles ils feront taxez en fon Confeil, pour ladite attribution de
Quinze cens mil liures , vn mois apres la fignification
qui leur fera faite du Roolle defdictes taxes, à leurs per-
fonnes ou domicilles, ou au Greffes des Eflections de
leur eftabliffement, iufques à la concurrence du tiers de
leurdittes taxes , le total d'icelle payable en trois Années confecutiues, qui commenceront en la prefenté,
efgallement, quoy faifant ils iouyront de ladite augmé-
tation de droict, à proportion du payement qu'ils auront fait defdictes Taxes, Et moyennant fadite Maie-
fté defcharge lefdits proprietaires , & Acquereurs de
toutes les reftitutions qu'elle pourroit pretendre con-
tre eux à caufe des droicts qu'ils ont indeuement pris
& exigez par le paffé, mefme de faire regiftrer leurs
quittances du fupplcement defdites taxes, & de tous
les autres par eux cy deuant payez, tant aux Bureaux de
fes Finances qu'és Eflections & autres lieux : Comme
ainfi les Commiffaires des Tailles des taxes fur eux faictes en confequence de l'Arreft du Confeil du feizief-
me Mois dernier pour raifon de la forniture du bois,
feu & Chandelle , pendant la fonction des Roolles en ce qui refte a executer , le tout ainfi que plus
au long le contiennent lefdites Lettres à ladite Cour
addreffante , afin d'entherinement d'icelles. Actes
d'oppofition formée au Greffe d'icelle Cour à la Ve-
rification d'icelles Lettres en forme d'Edict par les
proprietaires defdits droicts allienez fur les Tailles.
Les caufes d'oppofitions par eux fournies. Conclu-

fions du Procureur General du Roy : Et tout confide-
ré, LA COVR, du tres exprés commandement du
Roy, fans s'arrefter à l'oppofition defdits Proprietaires, A ordonné & ordonne, que lefdites Lettres en
forme d'Edict feront regiftrees au Greffe d'icelle pour
eftre executées felon leur forme & teneur. Faict ladite
Cour main leuée aux Proprietaires des Offices de
Commiffaires des Tailles des faifies de leurs droicts,
faictes en vertu de l'Edict du mois d'Aouft mil fix cens
trente-deux, & Arreft donné en confequence d'iceluy,
mefme des faifies faictes pour la taxe de la fourniture
du feu, bois & chandelle, & de celles qui auroient efté
faictes, faute d'auoir faict regiftrer leurs quittances
aux Bureaux des Treforiers de France, & autres lieux :
A la charge que tous les procez & differends qui in-
teruiendront en execution dudit Edict feront iugez
en premiere inftance, pardevant les Efleuz, Et par ap-
pel en ladite Cour. Faict à Paris en la Cour des Aydes,
le vingt fixiefme iour de Ianuier mil fix cens trente-
quatre.

Signé.   BOVCHER.

Collationné aux Originaux par moy Confeiller,
Secretaire du Roy & de fes Finances,

* 9 7 8 2 3 2 9 2 3 0 8 9 4 *